PLANETA AN   L

LA LLAMA

POR VALERIE BODDEN

CREATIVE EDUCATION • CREATIVE PAPERBACKS

Publicado por Creative Education
y Creative Paperbacks
P.O. Box 227, Mankato, Minnesota 56002
Creative Education y Creative Paperbacks son marcas
editoriales de The Creative Company
www.thecreativecompany.us

Diseño de The Design Lab
Producción de Rachel Klimpel
Dirección de arte de Rita Marshall
Traducción de TRAVOD, www.travod.com

Fotografías de Alamy (Michel & Gabrielle Therin-Weise,
Rafael Ben-Ari, Tim Graham, Vivid Africa Photography,
Yadid Levy), Dreamstime (Isselee, Peng Ge, Ying Feng
Johansson), Getty (Alessandra Calabrò / EyeEm, Berndt
Fischer, FEBRUARY, OGphoto, Robert Llewellyn, thinair28,
Yann Guichaoua-Photos), iStock (Knaupe)

Library of Congress Cataloging-in-Publication Data
Names: Bodden, Valerie, author.
Title: La llama / by Valerie Bodden.
Other titles: Llamas. Spanish
Description: Mankato, Minnesota: Creative Education/
Creative Paperbacks, [2023] | Series: Planeta animal
| Includes bibliographical references and index. |
Audience: Ages 6–9 | Audience: Grades 2–3 | Summary:
"Elementary-aged readers will discover that llamas
sometimes wrestle with their necks. Full color images and
clear explanations highlight the habitat, diet, and lifestyle of
these fascinating animals"—Provided by publisher.
Identifiers: LCCN 2022007742 (print) | LCCN 2022007743
(ebook) | ISBN 9781640265899 (library binding) | ISBN
9781682771440 (paperback) | ISBN 9781640007086
(ebook)
Subjects: LCSH: Llamas—Juvenile literature.
Classification: LCC QL737.U54 B6318 2023 (print) |
LCC QL737.U54 (ebook) | DDC 636.2/966—dc23/
eng/20220218
LC record available at https://lccn.loc.gov/2022007742
LC ebook record available at https://lccn.loc.
gov/2022007743

Tabla de contenidos

Aún viven llamas salvajes en lugares como Perú.

La llama es un **mamífero**. Es pariente de los camellos. Solía vivir en estado salvaje en Sudamérica. Pero hace miles de años, la gente **domesticó** a las llamas.

domesticó entrenar un animal salvaje para quedarse con las personas

mamíferos animales que tienen pelo o pelaje y alimentan a sus bebés con leche

Las orejas de la llama son curvas. Tienen forma de plátano.

La llama tiene el cuello largo y la cabeza pequeña. Tiene ojos y orejas grandes. La llama está cubierta por pelo grueso y lanudo. Este **pelaje** puede ser negro, blanco, gris, rojizo o del color café. Algunas llamas tienen más de un color.

pelaje la piel o pelo corporal de un animal

La llama llega a medir seis pies (1,8 m) de altura. ¡Eso miden algunos humanos adultos! Este animal pesa entre 250 y 450 libras (113–204 kg).

Las amistosas llamas pueden ser entrenadas fácilmente.

Las llamas salvajes alguna vez vivieron en las altas y frías montañas de los Andes, en Sudamérica. Actualmente, en los Andes, la gente sigue criando llamas. La gente cría llamas también en otras partes de Sudamérica y Norteamérica.

A las llamas se les puede permitir deambular, o se las mantiene en corrales.

Las llamas comen pasto, arbustos, semillas y frutas. En algunas granjas, también alimentan a las llamas con granos y heno. El labio superior de la llama está dividido por la mitad. Cada lado funciona como dedo para sujetar la comida. Con sus labios, la llama empuja las plantas hacia su boca.

Su estómago de tres partes ayuda a que la llama coma plantas duras.

LA LLAMA

Las crías pueden pararse y andar una hora después haber nacido.

Las madres dan a luz a una **cría** cada año. El recién nacido pesa alrededor de 25 libras (11,3 kg). La cría permanece con su madre por seis meses. La mayoría de las llamas viven de 20 a 30 años.

cría llama bebé

Las llamas se cuidan entre sí para mantenerse a salvo.

Las llamas viven en grupos llamados manadas. Pasan mucho tiempo **pastando**. Algunos miembros de la manada vigilan que no haya **depredadores**, como perros salvajes y zorros. Cuando un depredador ataca, las llamas adultas corren hacia él. Lo lanzan patadas para alejarlo.

depredadores animales que matan y se comen a otros animales

pastar alimentarse de pastos que crecen en la tierra

Las llamas se comunican entre sí. Cuando están felices, hacen una especie de zumbido. Un grito agudo y fuerte significa que están asustadas. Los machos gritan o gruñen cuando pelean.

Los machos pueden luchar con sus cuellos (arriba).

Algunas personas tienen llamas como mascotas. Otras crían llamas por su pelaje lanudo o para transportar carga pesada. ¡Puede ser divertido conocer a estas criaturas gentiles y amigables!

En Perú, la gente viste de gala a sus llamas para eventos especiales.

Un cuento de la llama

Los incas tenían un cuento sobre cómo se crearon las llamas. Una princesa desobedeció a su padre, el rey. Entonces, el rey mandó a la princesa y a su esposo a vivir a las montañas. Pero en las montañas hacía frío. Y las rocas lastimaban sus pies. Entonces, el Creador decidió ayudarlos. Los convirtió en animales con pelaje grueso y patas resistentes. Así, se convirtieron en las primeras llamas.

incas pueblo indígena sudamericano que vivió en la cordillera de los Andes hasta que los españoles les arrebataron la tierra

LA LLAMA

Índice